순옥이의

# 옥이미용실

구술시집

# 순옥이의
# 옥이미용실

구술 김순옥
정리 김규성

한솔

# 글머리에

사람들은 머리에 대하여 유별함이 있다. 시간과 인내심이 필요하고 복잡하게 여러 과정을 거쳐야 아름다움이 완성되기 때문이다. 미용이든 이발이든 깎고 매만지는 순간만큼은 온 신경을 집중한다. 인간은 제 머리털을 동물들처럼 자라는 데로 두지 못하고 스스로 깎지도 못하여 미장원 이발소를 찾는다. 머리카락은 누구에게나 있지만 형태와 의미는 천인천색이다. 사랑을 부르고 아픔을 가지며 영혼을 감싸주는 보호막이자 어떤 때에는 주체할 수 없는 고민거리이기도 하다. 또한 힘과 마음의 표현이 되는 반면에 음식의 머리카락은 혐오의 대상이 된다. 신체의 일부이지만 잘라내고 불로 지져도 통증이 없다. 어쨌든 순간순간 처리해야 할 고민거리가 인간의 아름다움을 완성한다.

이 글은 나의 누이에 대한 이야기이자 보은에 관한 기억이다.

누이는 칠십 중반의 나이에 여전히 현역 미용사이며, 직업 또한 미용사 이외에는 가져 보질 않았고 고향인 보은을 떠나서도 살아본 적이 없다. 주변에서 오랜 세월 이발만 한 남성의 이발사는 마음만 먹으면 쉽게 찾을 수 있다. 여성 미용사는 그렇지 않다. 여성들에게 아름다움은 잠시도 머물지 않는 새로움의 욕구이자 우월감이다. 그래서 감각적이고 남다르게 다양한 자기 모습을 추구하여 나이 먹고 늙은 누이와 같이 고집 센 미용사는 설 자리를 잃어 그만큼 직업인으로 만나기 어렵게 된 이유겠다.

누이는 수많은 사람들의 마음에 감정을 그려 놓은 예술가다. 머리카락으로 어떤 이의 삶을 만져 주었고 미용의자에 앉은 손님은 스스로 정한 미의 기준에 따라 흡족해하거나 만족스럽지 못한 불만의 감정으로 누이의 예술 감각을 평가했을 것이다. 대부분의 사람들은 예술이라면 알지 못한다고 하지만 우리에겐 이미 본능의 예술감이 있고 감상하는 방법을 배우지 않았어도 느낌으로 알고 있다. 그래서 '예술은 삶이고 삶은 예술이다'라는 말에 동의한다. 이른 나이에 도발적이고 튀었던, 질기고 오랜 세월 미용사로 살아온 누이를 존경한다. 작은 축원으로 이 시집이 많은 사람들에게 익숙하고 편했던 누이의 '손맛'이라는 예술이 오래 기억되길 바라는 마음을 담았다.

1부, 2부는 누이가 직접 구술한 내용을 주로 하고
3부, 4부는 구술과 함께한 가족으로서 공유한 기억과 공간을 재구성하였다.

차례_

## 제2부

## 제3부

## 제4부

# 제1부

# 내가 미용사가 된 건

아버지는 징용 갔다 돌아오는 배가 폭파돼
간신히 목숨만 살아 돌아와 숨쉬기 힘든 병을 얻었고
6·25 전쟁 끝에 어수선하고 먹고 살길이 막막한
가진 것이라곤 하나 없이 날품으로 살아가던 때

8살에 국민학교 입학하고 6년간 학교를 잘 마쳤으니
1960년대 초반,
나이로는 대략 15~16세 정도

졸업하고 잠깐 과자 공장에 다녔었다
과자 공장이라야 눈깔사탕이고
밀가루에 당원을 넣어 얇게 구운 전병
튀밥 강정이 전부였던 시절이다

과자 공장인데도 암모니아 냄새가 나서
머리가 어지럽고 속이 울렁거려 얼마간 다니질 못했다

양장 기술은 싫고

집 근처에
병원이 있어서 나도 간호사나 돼볼까
미장원 앞을 지나면 기술이나 배울까

눈에 보이는 대로 생각이 왔다 갔다 하다
엄마가 바람을 넣어 미용실에 다니게 됐다

# 우리 집 앞 미장원

중초에서 흐르는 물은 위쪽 까막샘 거리를 거쳐
집 앞을 지나고
수한 쪽에서 흐르는 항건천 물이 남다리 지나 월송 앞에서
보청천과 만나 읍내를 빠져 나간다

우리 집 앞 서다리까지가 삼산이고 건너면 장신리다
보은 읍내는 깊은 산속 시골이지만 사방이 물로 둘러쳐져 있다

몇 걸음만 나가면 군청 병원 경찰서 소방서 우체국이 있는
읍내 중심지에 우리 집이 있다
군청은 지금 보은읍사무소가 있는데
앞으로 뻗은 짧은 거리 끝에는 동제병원이 있었다
보은 거리 중의 첫 번째 거리

보은에 미장원이 예닐곱 개였는데

군청과 동제병원 사이
현대미장원과 오고파미장원 두 개

엄마가
오고파미장원에 다니게 해 주었다

## 첫 일

월급은 아예 없고
점심 한 끼도 주지 않는
그저 청소하고 잔심부름하는 아이였다

여주인 엄마가 장신에서 하숙을 쳤는데
거기 가 하숙 손님들 방청소 살림집 정리
자질구레한 뒤치다꺼리 일도 하고
먹성 좋은 젊은 미용사들 점심까지
장신에서 미장원까지 날라 와 먹이는 식모살이였다

미용기술은 가르쳐 주지도 않았다
수건 빨고 자른 머리카락 쓸어내고
청소하고 저수통 물채우기가 일이었다

# 혼자 배우는 미용기술

한참 지나서야 주인은 머리 말고 고무줄 튕겨 묶고 빠마약 뿌리는 일을 알려주었다

기술인 컷트하고 고데 기술을 배우고 싶은데 더 이상 알려주질 않아 눈으로 익혀 두었다 노는 날 동네에서 학생 머리 깎아주고 고데는 집에서 엄마 언니 머리로 연습했다 미용도구 싸들고 다니며 동네 아주머니나 친구들 동네로 가서 서툰 실력으로 머리를 해준 게 내가 배운 미용 기술

겨울 지나 초봄 땅에서 삐뚤빼뚤 나오는 풀이 그랬다

# 아시* 미용사

나랑 동갑내기 속리산 친구가
기술자로 들어왔다
그때도 주인은
나를 여전히 식모 취급했다

월급을 주나 밥 한 끼 제대로 주나
받는 거라고는 명절이나 돼야
통치마
민소매 옷 하나
어떤 때는 뽀푸린 천으로 주는데
여간 부아가 나야지

그렇게 해서 옮긴 데가 채소전 통
가산상회가 있고 옷가게들이 모여 있는
미화미장원이었다

아시 미용기술자로 들어갔다

* 아시: 애벌, 초벌 같은 뜻으로 충청도에서 쓰는 말. 애벌빨래, 초벌빨래.

# 미용사 미쓰 킴

미화미장원 시절에는 어린애 티도 벗겨지고
힘도 있는 데다 기술이 늘어서
주인과 둘이 미장원 일을 훌륭히 해나갔다
타고난 손재주에 기술이 늘고
배움은 쉬웠다
일 욕심도 많아서 주인 손님에 내 손님이 보태져 손님이 많았다

잘될수록 마음을 조이고 남에게 베풀어야지
혼자는 못산다
주인은 툭하면 나한테 미장원을 맡겨 놓고 놀러 다니고
하고자 하는 마음이 애초부터 없었는지
아니면 돈이 많았는지 애착이 없어보였다
결국은 남에게 가게를 넘기게 되었고
인수 받은 사람도 남편 덕에 미용 기술 없이
미장원을 샀다

손님은 모두가 내 손님이나 마찬가지

경험은 기술이고 기술은 발전해 사람들은
'미용사 김 양'이라고 불렀다

# 흉터

미장원은 불 가지고 일하는 데라
연탄 화덕이
겨울이나 여름이나 필수다

나이 어리고 신체도 작아
무겁고 뜨거운 연탄 화덕을 이리저리 끌어다 주고 빼고 하니
힘이 부쳐 다리에 자주 화상을 입었다

약도 변변치 않아 상처는 덧나고 곪아
진물이 흐르기도 해서 지금까지 흉터가 남아 있다

즐거움보다는 온통 다 힘들고 감당하기 어려워
미장원 가기가 싫었다
말없이 빠지고
괜한 엄마에게 골부리하고 누워 있으니
주인이 찾으러 오고 나는 창문 넘어 도망가고
장롱 속에 숨기도 많이 했다

이러는 나를 보고 엄마는 또 나를 구슬려
일하러 보내고
그렇게 5년 정도 일했다

뭘 몰랐지만 미장원 일이 마음에 있었기 때문에
꾸역꾸역 다닌 거 같다

# 보은에 미장원은

보은에 미장원은
우리 집 쪽에 현대미장원과 오고파미장원
죽전에 죽전미용실
삼산학교 쪽에 숙녀미용실 보은미장원
가산상회 옆에 미화미용실
속리산에 하나

그이들이 보은 미장원 1세대 기술자들이고
나와 친구가 그 다음

오륙 년 사이
골목마다 미장원이 양복점이 넘쳐났다

한 달에 한 번 노는 날이 있었지만
경쟁이 돼서 문 닫아 놓고 몰래 영업하고
미용도구 싸들고 시골 다니며 머리를 해주었다

돈이 흔치 않아 쌀도 받고 참기름도 받아가며

일했다

엄마는 돈 버는 나 때문에 의기양양했다

* 보은군지에 따르면 보은군의 인구는 1965년도에 11만 7천여 명으로 최고 정점이었다고 한다.

## 옥이미용실 1

옥이미용실은

머리하러 오는 이들 중에는 점占하는 이들도 오고 육갑 짚을 줄 아는 똑똑한 사람들도 많이 왔다 미장원 하려고 간판 이름을 물으니 내 이름에 순順 자가 냇물을 끼고 있어서 재물이 쌓이지 않고 흘러 나간단다 그러니 '순'자 들어가는 이름 말고 '옥'을 쓰라고,

옥玉은 구슬이고 물이 때를 씻어 내서 맑고 빛나게 품는 색이 옥이고 썩지 않은 것이니 '옥이 미용실'이 좋겠다고 해서 짓게 되었다

# 땅은 거칠고 바람이 꺾네

스무 살
삼산학교 앞 보은병원 옆에
내 미장원을 열었다

건물 주인은
보은병원 원장이자 보건소장
아들 둘은 병역 기피자였고
며느리와 손자까지
한 지붕 대가족 살림이었다

장사는 잘 되었지만
무면허 위생불량
영업정지를 자주 당하고
벌금을 물렸다

한두 번까지는 몰랐는데
남보다 잦은 일이라
결국

장사를 접었다

그곳에
병원장 며느리 이름으로
미장원 간판이 걸렸다

# 옥이미용실 2

면허 따고 1974년
새로이 옥이미용실 개업을 했다

장신에서 서다리 건너오면 첫 집
송씨 방앗간 앞집

장날이면 밥도 굶고 하루 종일 일하고
손이 모자라 엄마가 수건 빨래
빠마 도구 씻어 말리기
잔심부름 해줬다

석유곤로가 새로 나와 연탄 화덕 대신 쓰기도 했는데
머리 말리던 손님이 받침대를 치는 바람에
불이 나버렸다

옆집 수한 자전거 총각이 소화기로 불을 껐다

화병이 생겨 며칠을 두고

둑방에 앉아 많이 울었지

마음에 불은 꺼야 한다며
엄마는 나를 울게 내버려 두었어
울음도 병을 치료하는 줄 알게 됐지

# 면허시험

청주로 품앗이 모델 데리고 가서
학교 강당에서 실기시험 봤다

머리 깎기하며 가위 들고 손 떠는 사람도 봤고
빠마 말기는
얼마나 꼼꼼하게 머리카락 말아주며
고무줄 튕겨 매고
약은 잘 바르는가를 보는 실기 문제

머리를 몇날 며칠씩 감지 않고 살던 시절이라
위생시험을 봤다

사람 체온은 얼마고
센물과 연한 물은 뭐냐
칼 가위는 어떻게 소독하냐
수건은 어떻게 소독하냐

○ ×로 답하는데도

가슴이
마구 뛰고 떨렸었다

그 후로
지긋지긋한
무면허 위생검사 영업정지 벌금 떼어내
멀찍이 던져버렸다
1971년

# 제2부

## 아름다움이 뭐유

애는 참, 사람이구 짐승이구 남들한테 잘 보이게 하는 거 아녀!

옛날 쪽진 머리하구 짧은 빠마하구 비교하면
층층시하 살이 하는데 촌 새댁이 머리 다듬는다고 한나절 방에 있어봐
누가 좋아하간? 편한 거구

틀에 얽매인 거 푸는 거지

저렇게 해보고 싶다는 욕망 아녀!

고집 부리고
참아 내고 해야 아름다운 거지

자신이 맘에 들 때까지
자기만족이 이뤄져야 이뻐지는 거지

암만 남이 됐다고 해야 헛것이여
할머니 빠마는 사실 오래 하지 않아도 돼
이뻐지고 싶어 고집부리는
그런 손님은 안 말렸어

# 미용사는 누구유

아무리 싸게 해도
손님이 받아들이지 못하면
두 번 다시 오질 않아

남들이 잘 알아주지 않는
마음 읽고
존중해 주고
부족한 부분은
만져서 채워주는 사람이지

돈만 바라서는 오래 못가
이름 찾아가는 이들은 단골이 아니야

네 멋 찾아가고
내 멋 찾아야지

손맛을 서로 나누는 사람이 있어야
네가 있고

내가 있는 거다

# 세월장사壯士

미용사는 머리를 '깎는' 직업이라서
재산 모으기 어렵다 해서 부자는 바라지 않았고
내가 좋아 여적 놓지 못한 직업
남한테 돈 꾸러 다닌 적 없다
못 배우고 못난 사람들이 배운 기술

젊은이들 기술이 화려하고 현란해서
따라가지 못해 할머니들만 찾아오는
옥이미용실
아들 각시 친구들이 미장원하고
남자들이 빠마해 주고 화장해 주는
격세 벽해의 시간

피부샵 네일샵 문신 피어싱샵으로 쪼개지고
대학에서도 예술로 가르치지만
늙은 미용사

머리카락으로 청춘

바람 일으키고
누군가에게는 사랑의 냄새를 맡게 한

마술가

예술가

미용사 할매　김순옥

## 연탄불

아름다움은 불이다
불로 굽고
불로 지져 청춘을 만든다

생선구이집 화덕도 있었지만
미제 기름통 잘라 구부리고 접어
장구통 같이 멋을 낸 불집은
만든 사람도 가슴에 불이 있었을껴

다 타서 붙어버린 연탄 갈 때면
톡 쏘아 붙이는 가스 냄새
지독한 인생
폐에 생구멍 뚫리는 기분

연탄까스 때문에 기다리던 사람들이 머리 아파하고
토하는 사람도 있었다

남자나 여자나

불 관리 잘해야지

잘 쓰면 약이요
못 쓰면 독이다

불에 죽고 불에 살아야 인생이라더라

# 여섯 번째 손가락

가위 빗 고데기 칼 불 빠마약

그리고 여섯 번째 손가락

미장원 하면서 나는 여자가 외지로 나간다는 생각은 결혼이나 이사 아니면 생각하지 못했고 특히 엄마가 적극 길을 가로 막아서 기회조차 있지 않았다 미용기술도 외지인에게 배우지 못하고 좁은 보은 읍내에서 스스로 배우고 익혀 요령이 없었다 스승 제자 간에 가르치고 배우기보다는 화내고 소리 지르고 무서워

외지 미용사는 촌구석이라고 얼마 안 가 다 빠져나갔다

미용사 이발사들은 가위질 고데 인두질에
손가락에 툭 불거진
기형의 육손이 생긴다

일하는 손이지

# 머리 말리다가

부채 선풍기도 있었지만
겨울에
회포대 문종이 신문
너른 종이 말아서 연탄불에
연통 만들어 머리 말렸다

어맛 뜨거

종이에 불이 붙고
머리털이 타고

미장원에서는 머리카락 탄내가 났다
고데기로 태우고
말리다 태우고

어쩌면 태어나면서부터 누구나
자기 몸
조금씩 태워가면서 사는 거 아니겠냐

# 단골들

내가 사는 동네는 삼산학교 싸전 동편에 채소전 불종대 극장거리가 있지
동다리 건너면 새까만 교복 몰려 오가는 중학교 있는 배뜰
위쪽으로 중초 노티 걸어 나오면 까막샘 거리부터가 읍내
남다리 건너 쇠전이 있던 죽전 쇠푸니 금굴 지나 더 멀리 원남이다

도중에 있는 구랭이는 아홉 성씨들이 살았다 하고
숨은 선비 동네 은사뜰이니 기러기 난다는 홍갓뜰
산 끝이 쑥 내미니 월고지 용천이 탁골사람
물에 잠긴다는 월미도 납씨기 고싱기에는 엄마 친구가 있었고
매화리는 나비가 있어서 꽃 좋은 동네 사람들

들은 동네 이름 사연도 재미있어
사실인지 모르지만 곰이 살았다는 고무실 옆에 기왓

들이 변해 외뜰이라 부르고
감마을 감동과 바람부리 진설미 쪽으로 동학꾼들이 많이 죽었다는데
잣미는 동쪽 백제 땅끝 마을이고 아주 오랜 옛날엔 잣이 성城이어서
좀 더 가면 속리산 줄기 상주 가는 길 옆 안돌이는 동네가 어찌나 험한지
집에 가려면 바위를 안고 돌아야 간다 해서 생긴 이름이라 하고
거치실은 상주 가려면 반드시 거쳐야 한다나

한 아줌마가 봉비에서 왔다기에 처음 듣는 동네라 물었더니
새비랭이 하고 오리미가 있는데 새가 날아가기만 하면 마냥 서운해
오리미라는 이름으로 만든 마을이 마주 보고 있다네

비룡소 거먹골 초계사람들은 우리 집 둑방길로 다녔던

사람들 동네고
상중하 초계리라고 있지?
동네 터가 어린 풋개 하고 중 아이 같다고 해서
살짝 말을 가려서 초계리라
좀 더 올라가면 아부지가 맨날 나무 해오던 노티는
하도 고개가 높아 넘다가 늙는가 보다 해서 짓고
집에서 가까운 용암은 둥그렇게 움푹 들어간 곳이어서
궝말이라고도 불러
장속을 쇠재기 쇠저울이라 하였는데 그게 동네 산 모양이
저울 같아서 그렇댜

불목은 탄부에서 넘어가는
간신히 버스 자전거 타고 갔다가 차가 다시 오지 않는다 해서 바로 나왔었는데
마로면이야 상주길이 훨씬 편하지
시루산이 있는데 떡시루 걸어 놓고
방화실에서 불을 붙이고 불이 잘 타는가

고개 요렇게 돌려 들여다보는 동네
탁주 거북이 닮았다는 구티 아시 길탕이 다 그쪽이야
엄마 친정 삼승에는 황토말 송죽사람들이 많이 다녔고
달산이라는 달미 납씨기뜰이 있고

평생 단골 무당아주머니는 바리미에 살았는데
노승이 염주 목에 걸고 목탁 두드리는 산세로
그 아주머니가 동네 이름 그 팔자를 타고 낳는게벼
앞에는 벼랑골 비리가 있고
지대가 높다는 질구지
마을 물이 고이면 물바다인 듭푸골도 가 봤지

한결같이 오던 양반들이 안 오나 싶으면
뜬소문 같이 지금은
낡은 부고로 온다

# 전기 빠마

– 해 보진 못하고 들은 얘기 –

서울의 여자들이 파마할 때는
외국 영화배우
햅번머리가 유행했는데
과산화수소인 옥시풀로 머리 태워
금발 따라하고
북한에서 주는 전기로
빠마 했다

쇠막대에 전기 코일 넣고
머리 말고 전기를 넣으면
아으,
외계인 머릿속 들여다보듯
전기 소리 뇌를 흔들고
머리가 뜨거워지는
전기 빠마

빠마 나오는 기술은 적당한 때
적당히가 어려워 머리 데고

운 좋게 전기 끊기지 않아야 나오는 빠마

38선으로 끊어져 목숨 다했다는
전기 빠마를 해보진 못하고 들어만 봤다

*『한국미용 100년』, 저자 김수정, 감수 동서미용연구회 동서교류, 2005년 5월 간행 참조.

# 불 빠마

– 해 보진 못하고 들은 이야기 –

머리에 숯불을 썼다

구멍 뚫린 도롱태 수 쇠막대에 머리말아

가늘게 만든 숯 석탄가루 막대 구멍에 넣고

큰 집게 머리 집어

숯탄에 불

머리카락 구웠다

가봉 카본 빠마

머리 태우고 옷 태우고

마음도 태워야

아름다워질 수 있었다는 여심

빠마는 불사조

*『한국미용 100년』, 저자 김수정, 감수 동서미용연구회 동서교류, 2005년 5월 간행.
*『만화로 보는 한국미용 100년의 발자취』, 저자 장철환, ㈜북랩, 2019년 4월 간행 참조.

# 갤러리 미장원

일간 신문보다
선데이서울 주간여성 주간경향 여원에는
현실 속에 있는
요지경과 마술 동화
미장원은 꿈같은 미로 같은 길 찾아주는 실마리였다

월남군인 김 상사와 페티 김은 이 세상에 존재하는
낭만과 자유
우리나라엔 미니스커트를 윤복희가 미국에서 입고 들어와
유행했다는데 남사스럽지만 나도
보은에서 처음 입은 몇 안 되는 가시나 중의 한 사람

용기와 도전이라 말하기보다
쪽 지은 머리 고집하는 시아버지 시할머니 시대
장발 단속 무릎에서 치마까지 자를 들이대는
으름과 구속에 대드는 예술가 끼가 있지 않았나
호호호

거울엔 영화배우 머리 스따일 오려 붙이고
독특하게 화장한 외국 배우 오려 붙이는 화면이고
군대서 제대한 이들이 유리장에 넣어오는
군함모형 비행기 산호 조개장식물 새 깃털 장식
대나무 새우 잉어
철사로 꼬아 만든 펜대 같은 것으로 미장원 장식을 했지

그런 거로 보면 우리나라 사람들
손재주 정말 좋아
노래 잘하는 사람들은 또 얼마나 많구

예술가들이 미장원 다녀요

## 미장원 전에 미용

사람들한테 머릿니도 많고
자주 감질 않아 냄새가 많이 났다

추운데 더운물을 마음대로 쓸 수가 있나
비누도 집에서 쌀겨로 만든 누런 비누로 머리를 감으니
머리카락은 짐승 털처럼 뻣뻣했다

머리를 하려면 참빗으로 몇 번이고 빗어내
엉킨 머릿결을 풀고
머리에 앉은 때와 비듬을 벗겨냈다
저고리 하얀 동정 깃은 새까맣게 찌들었다
깔끔한 이들은 창포물에 감고
흰 참깻잎을 찬물에 담아 우려낸 물로 감아 매끄럽고 윤기가 난다 했다는데
그런 이들은 아주 드물었다

머리 빠지는 걸 막으려면
쌀뜨물 보리 삶은 물로 감으면 좋다는 소리도 들었고

비듬을 없애는 데는 복숭아 잎을 약한 불에 달여 감거나
녹두 콩을 갈아 비누대신 쓰면
좋다는 소리를 들었으나 다 먹는 곡식으로 해야 하니
언감생심
서민들에겐 여름날 냇물에 머리 감기가 수월했다

그랬거나 저랬거나 내 생각엔
미장원에서 머리를 짧게 자르고 독한 빠마약 써서 머리를 하다 보니
머릿니가 없어졌을 것 같고
빠마하고 머리 감으니까
차츰 머리 위생도 좋아졌을 것 같다

샴푸가 나오면서 사람들 머리는 찰랑찰랑하고
석양에 너울거리는 아가씨들이 나온 거 같다

## 할머니 빠마

– 초계 할머니 1 –

굳이 당신 이름보다 할아버지의 성씨를 가리켜 정씨네라 하셨다
초계에서 빠마 하기 위해 아침 일곱 시에 나와 오후 두 시
꼬박 일곱 시간이나
미장원 빠마를 했다

스물한 살 때 옥천 안남에서 시집오니
나 살던 동네보다 더 산골
농토라곤 손바닥만 한 천수답에 꼬챙이로 땅을 찔러 모 심고

댕기머리 처녀가 시집와 이태나 될라나
쪽진 머리였지
시어머이 손에 이끌려 여기 미장원에 와서
잘라내고 생전 처음 빠마를 했슈

긴 머리 자르니 서운한 감정보다

머리 다듬기에 간편해 오히려 좋았어유
머리 감고 빗질하고 다듬는 불편이 없고
쪽이 없으니 잘 때 베개도 편코 좋쥬
샘 없는 겨울 산골에서 머리 한번 감으려면 여간한 고역을 치르지 않으면 안돼유

정작 본인은 괜찮은데 시어머이는 시아부지한테 상의 없이 머리 자르게 했다고
집에서 쫓겨날 만큼 한동안 박대를 받았쥬

미장원에서 빵하고 우유를 줘서 점심 먹고
바깥바람도 안 쐬고 정성 들이쥬
난 머리숱도 적고 결도 푸석해서 남보다 안 나와 잘 풀어져유
그래서 맘먹고 와서 오랫동안 빠마를 해유

한집에만 댕기는 건 내 천성이유
오래 댕기다 보니 이 집 주인 손맛이 있고 내 머리에

대해서 다 아니께
　말 안 해도 다 알아서 잘해줘유

# 귀걸이

– 초계 할머니 2 –

귀걸이는
뭣 때문인지 몰르지만 날마다 머리가 깨지도록 아팠쥬

우리 아저씨가 한날 어디서 듣고 와선
귀 뚫으면 괜찮다고 하는 사람이 있더래유

장날 아저씨하고 같이 여기 와
이니한테 뚫었쥬
그러고 나닝께 머리 아픈 게 싹 나서더라구유
이니가 나한테 의사두 돼유

무뚝뚝한 양반이 금으로 해 준거유
머리 아픈 거는 잊어버렸슈
멋보다 먼저 간 아저씨가 나한테 해 준 거니께
풀어내지 않고 하고 다녀유

# 신부화장

시집가려면 일찍이 몸치장을 했다
옛날엔 쌀뜨물 받아 세수하고
머리는 창포물로 감았다
푸석한 얼굴 돼지 족발 기름으로 얼굴 바르고
튼 입술 발라 낫게 했다고도 하고

결혼 임박해선 꿀 맛사지에 계란 오이 맛사지를 했는데
그 덕에 남자들도 오이 맛사지 하는 사람이 있었다
면도칼도 있지만 실 꼬아 이마 잔털 뽑고
귀밑머리 새치 머리털은 족집게로 다듬어 없애고
눈썹초리는 꽃 재 가마솥 거멍
기름에 개어
초생달 그리기도 했다

아무리 예쁘고
아무리 잘생겼어도
제 얼굴에 코는 잘 보이지 않는다
마주 보아야 서로 잘 본다

숨고 숨어
손톱 닳고 무릎 닳아도 보이질 않는
밝고 빛나는 보석 찾아
서로 눈을 보고 코를 보며
함께하자고 다짐하는 단장

될 수 있으면 원만하라고
둥그렇게 그리고 굴려
손톱에는 달
눈썹은 버들잎
입술엔 붉은 해를 넣어 주고
손은 배춧속 같이 뽀얗게

얼굴은 둥그런 원을 그리며
맛사지 해 주었다

# 제3부

## 수세미

여자들은 얼굴 뽀얗고
손 곱상하게 머리 단정하게 해야
미인 소릴 들어서
딸 있는 아버지들은 마당가에 수세미를 심었다
엄마는 열매 썩쿠어 부엌 수세미로 쓰고
아부지는 가을걷이 무렵
넝쿨 잘라 대소주병에 꽂아두면
수세미 뿌리
밤새도록 한 병 가득 말간 물 채웠지
그 물로 세수하면
나이찬 처녀 없던 님이 나타나
설레고 은근한 밤이 가슴에 차오른단다
그날부터 바느질 배우고
자수를 배우는 시간이 왔단다
집안 가득 맑은 이야기 가득 찼단다

# 바르고 찍고 두드리고

동지에서 세 번째 술일戌日에 내리는 눈은
성질이 차고 조화로워
장독에 받아 두고
씨앗도 담그고 술도 빚으며
백약으로 썼다

작약 피고 채송화가 땅내음 주억거리는 장독대
엄마만 쓰던 항아리
간장도 된장도 아닌 맑은 물

사기 종지로 떠서
곱게 간 가루 개고
부스럼 핀 얼굴에 살뜰히 발라 주던
납설수

치장이란 모르고 살았을 것 같은 엄마가
분 개고 화장할 때 썼을 거라
나이 먹고 한참 후에나 짐작했다

# 머리

삼월 삼짇날은 목욕하고
못하면 머리라도 깎는 날
머리끝 자르면 머리가 잘 자라 검은 숱이 되고
자른 머린 정구지* 밭에 묻어
정구지같이 무성하라 빌었다
4월 초파일에 머리 자르면
잡색이 안 되고 윤택해지며
명이 길어진다
머리카락을 삼밭에 묻으면
삼단 같은 머리채 되고
아기 배냇머리 모아 붓으로 만들면
먼저와 뒤의 구분 없이 학문이 깊어진다
머리숱이 적으면 100일에 잘라 주고
팔죽 쑤어 먹으며
아기 뺨에 발라 주었다

머리는 부모님이 주신 신체의 일부
머리 자르기는 불효

삭발은 세상과 인연을 끊는 고행길
머리 잘라 곧은 마음 보여주고
자른 머리는 사랑의 정표
사자갈기 말갈기 닮아 용맹을
기르고 땋아서 오랜 결기 다지는

머리는 천 길 물속보다 깊어 알 수 없고
볼 수 없는 뒷모습 완성시키려
끝없는 숙제
솟아오른 독 아니면 꽃

* 정구지: 부추를 충청도 경상도에서 쓰는 말. 배냇머리 깎기는 지방마다 시기와 의미가 다르다. 내용은 인터넷 세시풍속 내용 참조.

# 염색

모처럼 거울 앞이다
피부는 살갗이고 눈두덩 입가에 앉을 듯 말 듯한 주름
언뜻 한 오라기 흰 실
간밤 별똥별 지난 길이 내렸나
누에고치 실이 날렸나
아니다 귀밑이 새하얗다

논배미 한련초 끊어 진액 바르고*
밤나무 염소기름 태운 거멍으로 가리기에는
한 시절이 다 갔다 하나

다시 미장원 거울 앞
옻색 천 두르고
바르고 빗어 내리며
비장하고 뜻 모를 소리

부질없어 소용없어 필요없어

어제를 부정하고 똑같은 내일은 거절한다
훨씬 낫네

근원을 알 수 없는 깊은 샘
겨울 나목에 차오르는
꽃봉오리
머리에 맺힌다
머리에 핀다

* 『한국인의 미용풍속』, 이연복·이경복 공저, 월간 에세이 출판부, 2000년 8월 간행 참조.

# 쌍꺼풀

이미 내놓은 자식
뭘 해도 칭찬받기는 글렀고
미용사는 화냥끼가 있다고
그렇거나 말거나
나는 키 작고 째진 눈이라 세상이
좁고 작아 보이나?
서울 대전 청주 아가씨들
쌍꺼풀 수술로 깨인 외국 바라보고
시골에서 알지 못하는 새 세상
화냥끼라 욕먹어도 보여주자

말없이 집 나가 사흘 만에
썬그라스 쓰고 밤에 집 오는 길
꽃망울 맺으려면 아직은 찬바람
더욱 추웠다

반창고 붙인 눈두덩
부기 빠지고 피멍이 삭아지길 기다리며

배는 말뚝에 매여도
언제나 파도에 일렁인다

얘 아프지 않니 어디서 했어
욕망은 눌러도 삐져나오는 송곳
용감하게 저지르고
참고 견디면
아름다워질 수 있어

# 미니스커트 입고 런 어웨이

읍내 평화약국 네거리에서
삼산학교 미장원까지

긴 가죽장화에
허벅지가 다 보이는 짧은 치마 입고

이 집 미용실 딸이더라

오빠가 머리끄뎅이 잡고
머리는 가위로
엄마 아부지 온 식구들한테 갖은 욕먹고
집에 망조 들었다 쑤군덕거리고
치마는 고래구녁으로 들어가고

그런다고 못 입을 줄 아나
몰래몰래 또 입고

보은에서 미니스커트

처음 입고

평화약국 네거리서 삼산학교 미장원까지
내 맘대로
런 어웨이

키 작은 가시내가 걸었다

# 뚫어 변소 퍼

– 뒷말 –

콧구멍 귓구멍에 그을음이 끼고 속눈썹도 새까만 장신리 염씨
쪼갠 대나무 타래에 나무 잔뿌리 솔 매달아 쑤시개하고
뚫어 막힌 데 뚫어

하루는 고래 뚫고 하루는 인분도 푸면서 겨우살이 하는데 거친 일 부탁하는 집은 힘쓰는 남정네가 없거나 병약자 집 꽤나 살림이 답답하여 고래에 불 들이는 날보다 삼천냉골바닥으로 지내는 날 많다
구들 꺼지고 고래담 무너져 사흘에 한 번이나 불 들이면
울컥 연기가 역류하니 눈물 콧물 맵다

뚫어 변소 퍼

처녀마음 총각이 알고 등 가려운 홀아비 마음 맵찬 아주머니가 안다 연기는 고사하고

오랜만에 확확 불담 거세게 드니 장신리 염씨 저 속리
말티재 너머 아줌마 만나 한 살림 잘 살더라
없는 이덜끼리 등 붙이고 잘 살더라
고래 뚫어 변소 퍼 그게 무슨 흉이냐

# IMF

그때 프랑스 미국 일본 미용기술이 들어와서
머리 깎는 것도 손님을 세웠다 앉혔다
의자에 올라가서 가위질하고
수학이니 과학적으로 컷트한다고 난리였다
외국에서 박사 딴 이가 미장원 하고

촌구석은 미장원 옆에 미장원
그런 게 들어올 리 없지만 어른들은 이발소였지
남자도 미장원 손님으로 넘어오고
남자 미용사가 생겨나고
체인점 미장원에
대학에는 미용과가 생겼다

월급 없이 일 배웠지만 오래 일하면 주인이 가게 내주고 먹고살게 해 주는
분위기가 있어서 일만 열심히 하라 했는데
지금은 그런 게 없잖어
돈 있는 사람이 미장원 몇 개씩 차려 미용사 기술만

빼먹고

화장 맛사지 문신 손톱 미용도 죄다 쪼개져 한 가지만 하는 업소가 생겼다

누가 뭐래도 아엠에프 때
남자들은 직장에서 팡팡 나가떨어졌지만
여자들은 미용기술 배워
한국 가정 일으켜 세운 집들 많다

## 발산 아줌마

처음 보는 이가
엊그제 머리하고 갔는데 또 왔다

덜컥, 잘못됐나

언제나 빠마는 하지 않고 고운 한복
세심하게 화장한 모습으로 왔다

깜빡 졸면서
한숨과 안타까움으로 중얼거린다
얼굴 모르는 할아버지가 공수라 건네고
아프고 다치며 꼬리 무는 집안 일 길어져 몸으로 받았다

다른 이 속은 풀어주고 정작 당신에겐
영험도 신통력이 없어
신보다 짐승보다 무서운 게 사람이라고
오직 중한 건 진심뿐이라 말했던 신딸

발산 아줌마 오는 날이면 내 마음이 편하고
그이가 죽기 전까지 다른 데 안 가고
내게 머리하고 갔다

## 장독대는 화장대

환하게 밝던 분꽃
눈 속으로 까맣게 별이 들어앉아
시나브로 여물면 손바닥 펴들고
꽃대 톡톡
맑은 조약돌로 갈아 분 만들고

봉숭아 붉은 물 한껏 머금어
서랍 속 명반 한 조각
손톱에 수줍음이 물든다

이슬 잇꽃
새벽 같은 마음 찧어
사기 물에 살짝 개어 바르면
두고 밝히고 싶은 홍조

굴참나무 너도밤나무 목화 곱게 태워
자색꽃잎 갈아 그린 눈썹엔
자태 고운 원앙의 눈이 되었다

조개껍데기 구워 갈고
곱돌 분
바르고 두드리고 찍고 그리던
분첩 솜 대신
누에고치 손가락
통으로 지던 동백은
머릿결에 비치니

아무도 몰라
어머니의
곱고 정갈하게 드러나던 맵시

봉숭아 잇꽃 분꽃 국화
녹두가루 백분 납설수 숨은
장독대

# 이 형사 아줌마

은행이 우체국 농협만 있을 때
남편은 경찰서 다니고
군청 앞에서 인지도 팔고 우표도 팔면서 구멍가게를 하던
아줌마한테 계를 했다

날짜가 불안하지만 실수 없도록
돈 꿔서 곗돈 내던 학이네
곗돈 타서 다시 계에 쏟아붓고 거덜난 박 선생네
맨날 죽는 소리하면서도 곗돈 잘 낸다는 철물점집
은밀하고 입으로 말하기 어려운 살림이
차갑고 따뜻한 계의 온도

목돈 마련으로 혼사나 환갑 칠순을 앞둔 집에서
시기에 맞춰 순을 받고
급하게 일이 터지는 집은
타는 순번을 바꿔서 편리를 보기도 해서
미장원 손님도 소개했다

열 명 스무 명 계원들이 한 달만큼씩 모이는 곗날은
중국집에 모여 짜장면 한 그릇 먹으며
심지뽑기 했다
이 형사 아줌마는 일 번과 끝 번을 자주해서
일 번 아줌마 끝 번 아줌마라 불렀다

미장원 장만할 때
은행돈 빌릴 형편이나 생각은 하지 못했고
삼 년 앞두고 마음으로 '장미원' 이름 지어서
다달이 계를 태우는데 마음은 내가 탈 때까지
조마조마해서
'계 태우고 계 탄다'는 말뜻을 경험으로 안다

화투장 집듯 한다고 하는 낙찰계
시장 사람들끼리 하는 일수에서 서운한 일도 있었고
새마을금고 신협이 생기고 은행이 생기고부터는
계도 시들해진 게 사실
계 아줌마 이 형사 아줌마는 보은에 은행이었다

# 단골오빠

동네 궂은 일 생기면 나이 많은 어른이고 젊은 사람이든 간에
모두 죽전 오빠한테 부탁했었다 그이는 초등학교를 간신히 나왔어
가난이 대물림한 집이라 아버지 밑에서 한학을 배웠을리 만무하지만
부고장을 반듯하게 잘 썼지 일머리도 잘 알아 상가에서 알려야 할 가족 친지
챙기고 나서는 얇은 습자지 사이에 먹종이 넣어
'경주○공 ○○ 숙환으로 별세 ~ 자이 부고'를 앉은 자리에서 백여 장 써 내리고
그걸 동네 청년들에게 나눠주며 빼먹지 말고 조심스레 전하라 했지
아무동네 이 서방이 전부인 주소를 물어물어 찾아가면 받는 쪽에선 혹시
부정이 집에 들까봐 처마 밑이나 변소간 쪽에 찔러 받아보고 가신 이에
대한 기억을 한마디씩 했지 호상이라 불렀는데 상포는

어느 집이
적당한지 재물과 접대 음식에 필요한 장거리 우선 흥정하고
동계에 연락 넣어 대사에 쓸 그릇 숟가락이며 차일 앉은뱅이 상 준비했지
어려운 집이면 동네 상으로 치르기로 기중 형편이 괜찮은 이들 따로 부르곤 했다
궂은 일 틀어쥐고 풀며 한 치 어긋남 없도록 하고
문상객 대접에 소홀함이 없어야 잘 치르는 일이라고 조무래기 상주 친척들 다독이였지
자기 집 일은 붙들어 매어 놓고 사흘 동안 꼬박 밝힌 밤낮
부처님보다 더 많이 이승에 공덕을 쌓았지만 막상 그이가 죽은 날은
집에서 운명하지 못하고 요양원에서 병구완 하다 장례식장으로 갔다
그이 덕을 봤던 많은 동네 사람, 왔거나 어쨌거나 이런 저런 사람들이 밥만 먹고 갔다

번개 같은 시류에 동네 마지막 어른이었지 잘 가셨는지 몰라

# 제4부

# 싸전 채소전

지금 새마을금고 자리는
멍석 돗자리에 쌀 보리 쏟아 놓고
콩 팥 깨 자루 앞에 놓고
됫박질 말 가름으로 쌀 팔고 샀지
쌀을 사먹어도 팔고
쌀을 팔아도 파는
뜬금 불러놓고 딴 일 보는 이상한 어른들
큰 농사짓는 사람들이야 쌀가마니 소달구지에 싣고
한두 말 곡식 이고 지고 와
급전 마련하고 살림살이 장만한
통일벼 나오고 농협에서 수매하면서
싸전은 없어지고
시외버스 정류장 앞 상가가 들어선 채소전 거리
푸성귀 쓰레기가 넘치고
지게꽤 도거리 하는 장터
짚 멍석 팔고 고무신 솥 때우는 땜쟁이
대장간 신기료 소쿠리 채 철물장수
죽전 고모가 새댁시절 차일치고 국수장국 팔았던 옆

포목점 건어물 가게들은 주인만 바뀌고 남아

여름밤에는 천막영화 보여주고
장구치고 노래하는 약장수 차력사들
회충약 신약과 묘약이 선보이고
추워지면 써커스가 들어와 동물쑈도 보여준
못 살아도 볼 장 다 봤던
시장통

## 나무전

극장 바로 앞 남다리 목전
불종대 아래
여기서 나무전이 섰었다
나뭇짐 끌고 온 소가 늦은 아침 여물을 먹고
나무꾼은 커다란 솔갈비단
지게작대기로 쳐 다듬고
참나무 소나무 장작 짐을 다시 한 번
가지런하게 묶었다
속리산 아랫동네 안도리
수한 솔밭동네서
새벽 지게 짐 지고 왔으니 하이고

남의 산에서 땔감을 마련한다고
산지기니 산림감시원한테
나뭇단 빼앗기고 벌금 내고
경찰서 갔던 사람들
억울하고 분한 가슴에 일던 불
나무전이 제일 먼저 없어져버렸다

# 불종대

쇠탑 망루
포 탄피 같은 쇠종 매달아 놓고
불이야 치던
초가삼간 적산가옥 태우고
군郡에서 급한 전갈 있으면
종 때려 사람을 모으고 사정을 알리던 철탑

남다리 건너 쇠전에선 어디께 불이냐 묻고
애들은 연기 나는 곳으로 불구경하러 달려

까막샘거리에서도 보이고
아랫 들녘 은사뜰에서도 보이던
불종대
그 동네엔 가구점 목공소 철공소 두부공장하는 사람들이
먼지 뒤집어쓰고 일했다

# 보은극장사람

지금에서야 그 사람들이라고 알지
문희 남궁원이 나오는 영화
송해 서영춘 남진 나훈아 하춘화
쑈를 한 날엔
밤늦게 사람들이 쏟아져 나왔다

영화나 쑈는 보지 못했어도
남루하고 다리 절며
한쪽 눈이 가짜라 놀림 받던 이
고저장단 없이 삼 음절 꽹메기 치고
영화포스터 지게 메고 다니던 아저씨

보은에서 가장 큰 집에 산다고
영화도 많이 봐서 좋겠다고

토막 난 필름에 찍힌 똑같은 그림
밀짚모자 리본으로 둘려지는
보은극장

어려워도 함께 살아간
모르는 사람 없을껴
극장사람 꽹메기 아저씨

# 천주교성당

성당 짓는다고 산 밑에다 벽돌 부려 놓으면
양철 다라에 이어 나르고
경찰서 뒤 언덕 초입에 각목 쌓아 놓으면
하나씩 들어 날랐다
미국식이라느니 독일집이라느니
보은기술자들은 없고
꽤 까다롭게 사람 부린다고
벌이가 없는 읍내 사람들이 많이
뒷일 했다
본당 짓고 그 아래에 병원 지었는데
성당 신부는 미국 사람
처음 보는 외국사람
노랑머리 높은 코
눈도 노랗던데
한국말은 잘했다

# 독일 수녀

니들이 커가니까
돼지를 키우기 시작했어
불종대 밑 두부 공장에서 두부 순물 받아오고
이집 저집 구정물통 갖다 놓고 받아왔다
멀리 성당 수녀원에서도 구정물을 받아왔는데
독일 수녀가 온 뒤부터는
구정물에 건더기 하나 없다고
말은 안 통해도 사람이 진지하고 성실하여
독일 사람들 하면 알뜰한 살림꾼들이라고
돼지 엄마
억세고 무식했지만 현명했던 우리 엄마
독일이 어딘지 몰라도 사람으로
머릿속 깊이 박혀 있었다

# 커피 처음 먹은 날

큰언니가 성당을 열심히 다녀
'말따'라고 세례 받았다
미국 신부가 심방 온다고 해서 신도 누가 대접하라고
커피를 줬다
대접에 소금 타듯 하는지
약탕기 약같이 끓여야 하는지
설탕은 숟가락으로 얼마나 타야 하는지
커피 잔이 집에 있을 리 만무하고
옆집에도 없고
물컵 두어 개 빌려 신부님한테 내놓고
나머지 사람들은 사기대접에 타서
숭늉 마시듯 했다
구차한 집에 양신부 손님치레 덕에 맛본 커피
심하게 탄 밥누룽지 맛 같은데
그걸 보약처럼 맨날 마신다는
서양 사람들

남은 커피를 나눠 마신

엄마하고 동네 아줌마들은
잠이 안 와 날밤을 샜다고
한마디씩 했다

# 자개장농

오빠가 목공소하며 만들어준 자개장농
혼수로 가져갔다

끌구멍 파고 못 하나 없이 붙여 만든 여덟 자 장롱
진주조개 전복 껍데기
습자 한지에 하나씩 붙여 놓은 송학도
쇠기름 아교풀 중탕 녹이고
자개에 발라 붙이길 며칠하고
들뜬 놈들 인두 지져 다시 붙이고
두드리고 쓰다듬고
두껍게 초벌 옻칠하고
떨어지는 자개 인두질 하고
재벌 세벌 칠벌 옻칠하고
때마다 물 사포질
다듬어 광내길 수십 번
송 학 산 수가 어우러진 낙원이었다
붉은 화초장도 만들어 줬다

무엇이든 손이 많이 가야 보기 좋고
아름다움은 그냥 만들어지지 않는다

# 붉은 머리카락

장꾼들이 다니는 길
가축시장으로 가는 길
석양에 연이은 목메기 송아지 나란히 걷던 길
젖 떼고 울며불며 가는 초행길
약병아리는 보자기 목 내밀어
놀란 눈 더 동그랗게 떠
길눈으로 읽고
새끼 돼지도 소리치며 가는 길

어미 없어 못 간다
떡심 풀려 못 간다
다릿심 풀려 못 간다
주저앉아 울다
떠밀려 걸어가는 둑방길
귀갓길 석양에 머리카락이 붉었다

# 송씨 방앗간

아줌마 풍채는 넉넉하고
국민학교 선생님인 동생 아저씨도 체격이 넉넉했다
떡 방앗간이고 기름집이고 고추 콩
식재료는 다 만들어냈다
국수도 만들었는데 이층은 국수 걸어 말리고
띠종이에 반 근 한 근씩 잘라 묶었다
일꾼 빼빼 마른 아저씨가 있었는데
그이는 항상 밀가루를 뒤집어써서
눈사람이라 불렀다
고추를 빻아도 좀처럼 재채기는 하지 않고
대신 한쪽 콧구멍 막고 코를 잘 풀었다
커다란 전기 모터에 피대 걸린 방아 기계를
오랫동안 쳐다보아도 질리지 않는
이상한 힘이 있었다

# 젖 뗀 강아지

지난 장날 데려온 젖 뗀 강아지가 보이지 않는다
복길아 복길아
마루 밑 강아지 둥구미 몇 번 보고
뒷마당 굴뚝 찾아보고
돼지 짚가리 헤쳐 보며 옆집에 물어봐도
당최 간 데 모르겠다
멀어도 에미 찾아갔으면 다행이고
약을 주워 먹었나 누가 데려 갔나
에이 그놈 자식 사람 속 서운케 하네
저녁밥이나 앉혀야겠다
고래구녁 성냥 그어 쏘시개 잘 타나
기다리다

확 튀어 나왔다

쌍놈에 새끼

주둥이 털 그슬리고

거죽 옷 노릿하게 태워 먹고
정주간 턱 급하게 튀어 넘는 검댕이

데려온 자식 한식구 되기 어렵다
그렇게 겨우살이 하는 놈이 있었다

## 백비白碑

피우지 못한 꽃

둘이나 있다

더 이상 얘기 안 할란다

## 황현의 『매천야록』에서 가져온 머리 이야기

11월 15일(신해), 임금이 먼저 단발하고 중외 신민들에게 단발령을 내렸다. 두루마기 착용을 발표한 뒤로 단발한다는 말이 차츰 퍼지더니, 10월 중에 왜국 공사가 빨리 단발하라고 임금을 위협했다. 이에 임금이 인산(因山) 뒤로 기한을 정했다. 이때 유길준과 조희연 등이 왜군을 인도하여 궁성을 포위하고 주위로 대포를 묻고는 이렇게 선언했다.

"머리를 깎지 않는 자는 죽이겠다."

임금이 길게 한숨을 쉬고는 정병하를 돌아보며 말했다.

"그대가 내 머리를 깎는 게 좋겠소."

정병하가 가위를 들고 임금의 머리를 직접 깎고 유길준이 태자의 머리를 깎았다.

단발령을 내리자 곡성이 하늘을 진동했고, 사람들이 분하고 노하여 숨이 끊어질 듯했다.

형세가 격변하자 왜놈들이 군대를 동원하여 대기시켰고, 경무사 허진이 순검들을 이끌고 칼을 가지고 길을 막으며 만나는 사람마다 머리를 깎았다. 민가에도 들어가(머리 깎을 자를) 찾느라 두루 헤맸으니, 깊숙이 숨어 있는 자가 아니면 머리를 깎이지 않을 수 없었다.

서울에 나들이를 왔다가도 길에 나갔다 하면 상투를 잘렸으니, 모두 상투를 주워 주머니 속에 감추고는 통곡하며 성을 나갔다. 머리를 깎인 자는 깨끗이 깎이지 않고 상투만 잘린 채 머리카락이 드리워져 마치 장발승(長髮) 같았다. 오직 아낙네와 어린아이들만 깎이지 않았다.

공주 관찰사 이종원이 금강을 막고 지나가던 사람들의 머리를 억지로 깎느라 길이 거의 막혔다. 이때부터 온 나라가 들끓어 사방에서 의병이 일어났다.

* 위 내용은 서해문집 2017.1.20. 간행『매천야록』중 239~240쪽에서 가져왔으며, 우리나라의 이·미용 역사가 시작되는 시기의 역사 기록이라 이해를 돕기 위해 발췌하여 실었다.

순옥이의
옥이미용실
인　　쇄 | 2020년 11월 25일
발　　행 | 2020년 11월 30일

지 은 이 | 김규성
펴 낸 곳 | 도서출판 한솔
등　　록 | 1987년 12월 3일 제아32호
주　　소 | 충북 청주시 서원구 모충로145번길 5-6(사직동)
전　　화 | 043)264-8341/3079


ISBN 978-89-91475-52-6


* 책값은 뒤표지에 표시되어 있습니다.

이 도서의 국립중앙도서관 출판예정도서목록(CIP)은 서지정보유통지원시스템 홈페이지(http://seoji.nl.go.kr)와 국가자료종합목록 구축시스템(http://kolis-net.nl.go.kr)에서 이용하실 수 있습니다. (CIP제어번호 : CIP2020048149)